AF258181

OBSÈQUES

DE MONSIEUR

JULES-PHILIPPE

MAES

Chanoine de la Métropole de Cambrai,

Doyen-Curé de la paroisse

St-Martin, à Roubaix

ROUBAIX

Imprimerie A. Lesguillon, libraire-éditeur

17, rue du Vieil-Abreuvoir, 17

1867

N'ayant pu satisfaire aux demandes nombreuses qui ont été faites de l'Echo de Roubaix *de Dimanche dernier*, et d'après l'avis de plusieurs personnes, nous avons réuni, en une brochure, tout ce qui se rapporte dans ce numéro, aux obsèques de M. le Doyen de St-Martin.

Nous avons complété tous les détails de la cérémonie et inséré, bien entendu, les discours prononcés, but principal de cette brochure.

Ces quelques pages garderont le souvenir d'une manifestation qui honore, à la fois, la population et le digne Pasteur qui en a été l'objet.

M. Maes doyen de St-martin.

—

Dans notre dernier numéro, en annonçant la maladie de M. le doyen de St-Martin, nous partagions avec la population, l'espoir d'une guérison possible.

En réalité, c'était plutôt un désir qu'un espoir véritable, le mal fit des progrès si rapides que bientôt on put prévoir la fin prochaine de M. Maes.

Le 20 mai, vers 11 heures du matin, à la même heure où il avait été frappé de la première atteinte de la maladie, M. le doyen expirait.

Bien qu'on s'attendit un peu à ce fatal dénouement, on espérait toujours.

Dieu, heureusement, met au cœur de l'homme l'espoir, pour lui donner la force de se préparer aux grandes douleurs.

Et véritablement, cette douleur s'est manifestée, à Roubaix, d'une façon toute spontanée, générale.

Toutes les classes de la Société, sentaient qu'elles perdaient un directeur spirituel, un père, un ami, un soutien.

Nos populations du Nord, ont généralement le sentiment religieux, mais, comme partout, de nature et de dégrés différents, suivant l'intelligence, l'éducation, ou l'ignorance des individus pris partiellement.

Les classes instruites appréciaient l'élévation du caractère, de l'esprit de M. le doyen — c'était tout simple — ceux-là le comprenaient, le jugeaient, (qu'on nous passe le mot).... ils raissonnaient leur affection et leur confiance.

Les autres, ceux qui, privés des bienfaits de l'instruction, n'ont, pour ainsi dire, que l'instinct du cœur — l'aimaient simplement avec leur cœur. C'était de la reconnaissance.

M. Maes avait une prédilection marquée pour les deshérités de ce monde — il savait se mettre à la portée de tous.

Donnant au mot sublime du Christ une signification plus large que la traduction littérale, on peut dire : qu'il laissait venir à lui, non-seulement les petits enfants (*parvulos*) mais tous les *petits* de la terre, les infimes, les pauvres.... de plus, il allait à eux, il s'en fesait respecter et aimer.

Dans ce terrain souvent rebelle et inculte, il savait jeter le germe de la morale de Jésus-Christ, de cette morale, sauvegarde de la Société : l'espérance — la foi — la charité. Aux riches, il enseignait la charité, par l'exemple, par une pratique constante, la meilleure des théories — celle-ci est toujours comprise.

Aux pauvres il apportait la résignation, l'espérance.... et souvent il réalisait cette espérance, à tous il donnait la foi.

Les plus sceptiques l'avoueront : dans toute organisation sociale, l'action morale d'une religion éclairée est décisive, surtout sur les masses ignorantes.

La loi punit le crime.

La religion le *prévient*.

Et si elle ne peut les prévenir tous, du moins, elle en diminue le nombre.

Le chef d'une paroisse, un doyen, un curé, a donc une influence énorme sur une population.

M. Maes avait cette influence, et l'a exercée pendant 27 ans.

Toute la ville, suivant son cercueil, est le meilleur panégyrique.

M. Maes a parcouru presque toute sa carrière à Roubaix. Il est né, près de nous.

Issu d'une excellente famille de Merville, le 27 février 1805, il y fit sa première communion le 4 avril 1816.

C'était le premier pas.

Après des études brillantes, faites à Cambrai, il débuta, comme vicaire à St-Maurice à Lille, de là, il fut nommé curé à Fournes (canton de La Bassée), puis, à Steenwercq (canton de Bailleul) où il n'a fait que passer.

On le destinait à un emploi plus important, il vint à Roubaix en 1840, où il fût le seul doyen pendant six ans, l'église de Notre-Dame n'ayant été érigée qu'en 1846.

Pendant 27 ans, nous le répétons, il sut s'attirer l'amour de ses ouailles qui, à ses funérailles, sont venues lui en donner une preuve éclatante.

Toutes les classes étaient représentées.

L'autorité ecclésiastique par la présence de M. le secrétaire de Mg. l'Archévêque de Cambrai, et d'un nombreux clergé, appartenant à tout le département, donnait la mesure de la valeur de M. Maes.

Outre nos autorités civiles, nos pompiers, musique en tête, on a pu remarquer MM. les officiers de notre garnison.

Nous passons sous silence les détails de la cérémonie, rapportés par nos confrères. Nous venons nous aussi jeter, sur cette tombe, à peine fermée, ces quelques mots de regrets, de respectueuse sympathie, pour celui qui, comme prêtre, comme homme privé, fut un modèle de dévouement et d'abnégation.

Nous nous abstenons de reproduire les détails de la cérémonie, déjà publiés ; et qui importent peu du reste — Nous nous sommes attaché plutôt au deuil moral, si l'on peut s'exprimer ainsi, qu'au deuil physique, matériel, qui s'est manifesté dans les rues, comme dans l'église, d'une manière digne de l'homme qui en était l'objet.

M. le doyen de la Madeleine de Lille, archiprêtre, a officié — assisté de M. le curé de Croix, comme diacre, de M. le curé de Ste-Elisabeth, comme sous diacre.

Ont tenu les coins du poële :

MM. Desprez, chanoine secrétaire-général de Mg. l'Archevêque de Cambrai.

M. le doyen de St-Maurice de Lille.

M. le doyen de Ste-Catherine de Lille.

M. le doyen de Notre-Dame de Roubaix.

MM. les vicaires de St-Martin suivaient le corps.

M. Descat, vicaire auxiliaire, portait le Saint Ciboire et le calice.

Le deuil était conduit par M. Dayez,

principal du collége Notre-Dame des Victoires qui assitait les trois frères et les neveux de M. Maes.

La *Fanfare*, la *Grande-Harmonie*, les Sociétés de chœurs réunies : le *Demi-Cercle*, l'*Union Chorale*, *St-Joseph*, ont chanté avec une rare perfection le magnifique requiem de Mazingue, sous la direction de MM. Duprez et Catteau.

Plusieurs discours ont été prononcés nous les transcrivons ci-après.

M. Constantin Descat, adjoint, au nom de l'Administration a prononcé le discours suivant :

« Messieurs,

» Au milieu de ce deuil général causé par la perte du cher et vénéré Pasteur dont nous venons d'accompagner jusqu'ici la dépouille mortelle, l'Administration municipale ne peut garder le silence.

» La douleur dont elle est pénétrée lui fait un devoir d'ajouter l'expression de ses propres sentiments aux éloges légitimes qui descendent sur cette tombe muette.

» Nous ne rappellerons point les éminentes vertus du défunt comme ministre de Dieu et gardien de la Foi de nos pères ; les dignes coopérateurs qui, pendant vingt-sept ans, ont partagé ses travaux et profité de ses admirables exemples, l'ont constamment entouré du plus tendre respect et d'une affection sans bornes.

» Nous ne redirons point les actes si nombreux de son ardente et pieuse charité; les pauvres en garderont un souvenir ineffaçable et les affligés de toutes les classes qui ont dû bien souvent à ses sages conseils, à ses paternelles consolations, des adoucissements à leurs chagrins, en garderont au fond de leur cœur une reconnaissance filiale.

» Mais, comme Administrateurs, nous sommes heureux de pouvoir rendre un hommage public à la mémoire de l'excellent doyen Maes, pour la sympathie mutuelle qui a toujours régné dans ses rapports avec l'édilité de notre ville, sympathie commandée, en quelque sorte, par son caractère doux et conciliant, par sa haute raison, par la modération de ses désirs et la sagesse de ses vues qui n'eurent jamais pour but que le bien du troupeau confié à la direction.

» Oui, bon et cher pasteur, votre âme, aujourd'hui dégagée de tous liens terrestres, doit être assurée que parmi les regrets universels dont vous êtes l'objet, les nôtres ne sont ni les moins vifs ni les moins sincères. Ils ne peuvent être adoucis que par l'espoir bien fondé qu'en terminant trop tôt votre pénible mission dans ce monde, la divine Providence a voulu hâter le moment où vous iriez recevoir là haut les récompenses éternelles que vous avez si bien méritées !

» Adieu, cher pasteur, adieu ! »

M. Pierre Motte, a ensuite succédé à
M. Descat.

« Messieurs,

» A voir l'empressement ému et respectueux
avec lequel vous vous serrez autour de cette
tombe vénérée, on comprend combien il vous
en coûte de vous séparer de celui que nous
regardions tous comme un Père. C'est que,
pendant 27 ans, ce bon pasteur que nous pleu-
rons et que la mort nous a enlevé trop tôt,
nous a prodigué les preuves de son dévouement et de son amour. Avant de lui dire un
dernier adieu, rappelons en quelques mots sa
vie et ses vertus ; nous y trouverons tout à la
fois un enseignement et une consolation.

» Jules-Philippe Maes, né à Merville en
1805 et ordonné prêtre en 1828, fut nommé,
dans cette même année, vicaire dans la paroisse St-Maurice, à Lille.

» A cette époque notre société civile se res-
sentait encore des secousses que lui avaient
imprimées les orages de la Révolution. Des
besoins nouveaux avaient été créés ; des as-
pirations nouvelles se faisaient jour. Parmi
les questions qui occupaient alors beaucoup
les esprits, il y avait celle du prêt à intérêt.
Les avis sur ce point étaient partagés. Le Pape
avait été consulté, et sa réponse fut une réponse de tolérance. Le jeune abbé Maes avait
pris part, bien souvent, à des controverses
sur cette question, et la solution de Rome jus-
tifiait son opinion. Nous le trouvons là, au

-début de sa carrière ecclésiastique, ce qu'il fut toujours plus tard, attentif à concilier, les exigences et les intérêts du devoir, avec les adoucissements qu'une tolérance éclairée pouvait autoriser. Que n'ai-je le temps de citer des faits nombreux et touchants qui rappelleraient que, là aussi, déjà, il se montra ce qu'il fut constamment dans la suite parmi nous, ami généreux et désintéressé, d'un conseil sûr et prudent, d'un dévouement à toute épreuve.

« En 1830, il fut appelé à la cure de Fournes; et deux ans plus tard, à celle de Steenwerck.

» J'ose l'affirmer, dans cette foule qui nous entoure, il y a des représentants de ces deux Paroisses éloignées. La distance ne les a pas arrêtés, et le cœur douloureusement ému, ils sont venus déposer sur la tombe de leur ancien Curé, le tribut d'un amour et d'une reconnaissance que le temps et la mort ne sauraient effacer.

« En 1840, monsieur l'abbé Maes faisait son entrée dans notre ville, comme doyen de Roubaix. Notre cité n'avait alors qu'une seule paroisse, la paroisse Saint-Martin. Monsieur le doyen par sa prudence pleine de sagesse et de sagacité, par sa douceur et sa générosité, ne tarda pas à se concilier le respect et l'affection de tous.

« Et maintenant, je devrais vous demander à vous qu'il dirigeait dans la voie du dévouement: pieux vicaires qu'il aimait tant, corporations religieuses si pleines de zèle, je devrais vous demander de parler avec moi, et de nous dire tout son amour pour Dieu, pour les âmes et pour les pauvres. Mais non, la modeste simplicité de notre vénérable pasteur nous imposerait silence, si nous pouvions entendre encore sa douce parole. Et cependant, à

combien de maux il a compati ! que de
misères il a soulagé ! que de cœurs il a con-
solé ! que de larmes il a essuyé !.... Je fais appel aux pauvres.... Je fais appel aux riches...
et tous me répondent : Il a passé en faisant
le bien... O bien-aimé doyen, ô notre père,
adieu... ou plutôt non... au revoir; car là où
vous ont conduit vos vertus; là nous voulons
vous retrouver un jour.

« Ah ! dans cette tombe qui vous voile à
nos yeux, mais où nos cœurs savent bien vous
voir encore, levez une dernière fois votre main,
cette main paternelle qui tant de fois nous a
bénis, qui tant de fois a béni nos familles, et
daignez accorder à vos enfants qui vous pleu-
rent et vous regretteront toujours, une suprê-
me et sainte bénédiction. »

M. le docteur Paquet, membre du comité
d'instruction, au nom de ce comité, s'est
exprimé en ces termes :

« Messieurs »

» Cette tombe renferme les restes mortels
d'un Pasteur vénéré, qui, en passant sur la
terre, a donné l'exemple de toutes les vertus
et conduit les âmes dans les voies de la justice
et de la vérité.

» Le deuil général qui a couvert toute la
ville en apprenant la maladie subite qui l'a
frappé mortellement indique, plus que nos pa-
roles ne sauraient le faire, la perte immense
que la paroisse de Saint-Martin et la ville en-
tière devaient éprouver, et la nouvelle de sa
mort, en se répandant comme un coup de foudre,
a saisi tous les cœurs et fait couler des larmes.

» Vous tous qui entourez cette tombe de vos
regrets et de votre vénération : Administration municipale, Conseil municipal, Conseil de
fabrique, Magistrats, Membres des divers comités d'hygiène, de la commission administrative des hospices, d'instruction publique,
Communautés religieuses et élèves des insti-
tutions laïques, etc., Membres de la Chambre
consultative des arts et manufactures, négo-
ciants, industriels, corps des Pompiers mu-
nicipaux, Membres de la Grande Harmonie,
officiers de l'armée, soldats de tous grades,
travailleurs de toute classe, en vous pressant
auprès du corps de notre vénéré Doyen, pour
lui rendre les derniers devoirs, vous témoi-
gnez hautement par votre douleur, la privation

dont vous êtes frappés et s'il est un adoucissement à la peine profonde de sa famille éplorée, c'est de voir le concours immense qui partage sa douleur.

» Monsieur Maes, Jules-Philippe, est né à Merville. (département du Nord) en 1805.

» Les paroisses de Saint-Maurice à Lille, de Fournes et de Steenwerck n'eurent que le temps d'admirer les excellentes qualités de son cœur ; son mérite l'appelait à un poste plus élevé.

» En 1840, Monseigneur Belmas le nomma à la cure de Roubaix, l'une des plus grandes paroisses du diocèse. Le développement industriel et la nombreuse population ouvrière créaient au Pasteur une charge bien grande ; seul, il fit face à toutes les difficultés, il fut le dernier curé de la ville de Roubaix, aujourd'hui divisée en plusieurs paroisses. Son zèle, son dévouement, sa charité sans bornes lui conquirent de suite l'estime et l'affection du riche comme du pauvre, et dans les graves épidémies dont Roubaix fut affligée, on le vit constamment porter les consolations de la religion et donner l'exemple de la charité chrétienne.

» Il prenait sur ses repas le temps nécessaire pour continuer l'étude des sciences qu'il cultivait avec plaisir, l'astronomie, la botanique lui étaient familières et l'horticulture était son seul délassement.

» Son esprit orné lui rendait le travail intellectuel facile et sa grande expérience en faisait un homme de bon conseil. Ses amis ne le quittaient qu'à regret, éprouvant dans son commerce un bien être dû à la bonté de son cœur, à la finesse de son esprit, à sa profonde connaissance du cœur humain. Accessible à tous, il apportait dans l'exercice de ses fonctions cette aménité qui inspire la confiance et l'infortune ne s'adressait jamais inutilement à lui, il allait même souvent au-devant d'elle.

» Nous avons pu apprécier la force et l'énergie de son caractère pendant les longues années qu'il nous a donné d'être son médecin et son collègue dans les comités d'instruction. Il réalisait admirablement le *Justum ac tenacem propositi virum.*

» En 1840 la ville de Roubaix ne comptait pas 25,000 âmes Les établissements charitables et d'instruction publique étaient peu nombreux : on sentait généralement le besoin de voir développer l'instruction religieuse et l'éducation parmi les nombreux ouvriers et leurs enfants et l'on comprend sans peine les difficultés qu'a dû éprouver notre vénéré doyen pour contribuer à la fondation des établissements nécessaires à l'agrandissement de notre industrieuse cité, qui est arrivée au sommet de la production industrielle et dont la population dépasse aujourd'hui 70,000 âmes.

» Par un de ces traits de génie pratique, seul, mais comptant sur l'appui de ses ouailles, dont la générosité et les sentiments religieux sont si connus, en même temps que sur les subsides du Conseil municipal, il reconstruisit son église sans interrompre l'exercice du culte, l'orna d'objets d'art justement estimés, de riches vitraux coloriés, d'autels qui font l'admiration des amateurs, et c'est en visitant les travaux du nouveau presbytère que l'administration municipale se faisait un bonheur de lui préparer, que la maladie vint le frapper mortellement.

» Pendant sa vie, il fut l'ami du riche comme du pauvre : il laisse en mourant un bel exemple à ses successeurs.

» Il ne m'appartient pas d'apprécier ses travaux ecclésiastiques ni de considérer la part qu'il a prise dans la fondation des établissements nombreux de charité et d'instruction publique : Pensionnats, écoles dominicales, ouvroirs, Petites-Sœurs des pauvres, sœurs de Saint-Vincent-de-Paul, etc., etc.

» Il a passé en faisant le bien : Hélas ! il a passé trop vite pour notre affection et l'achèvement de ses œuvres, mais il laisse un souvenir qui fécondera toutes les vertus dont il a donné l'exemple pendant sa vie.

» Avant de nous séparer, disons à notre vénéré Doyen un dernier et solennel Adieu !

» En attendant la résurrection générale. »

ORDRE DU CORTÈGE

—

Les sapeurs et tambours des Pompiers ;

Le Petites-Sœurs des pauvres avec leurs vieillards ;

Les élèves de l'Ecole mutuelle sous la direction de M. Faidherbe ;

Les élèves de l'Ecole de Commerce sous la direction de M. Van Eerdeweck ;

Les Frères des écoles chrétiennes avec leurs élèves ;

MM. les directeur, professeurs et les élèves du collége Notre-Dame des Victoires ;

La société la *Fanfare ;*

Les vieillards et les enfants de l'Hospice ;

Les élèves du pensionnat de Mlle Frémy ;

Les enfants des Carmélites ;

Les élèves de l'école des sœurs de la Charité ;

Les sœurs de l'Enfant Jésus ;

Les sœurs de Bon-Secours ;

Les dames de la Sagesse et leurs élèves ;

Les dames de la Sainte-Union et leurs élèves ;

La société de la *Grande-Harmonie* ;

Les société chorales de Saint-Martin et de Notre-Dame ;

Les chantres des trois paroisses ;

MM. les membres du clergé des paroisses

Les RR. Pères Recollets ;

MM. les ecclésiastiques étrangers au diocèse ;

et MM. les ecclésiastiques appartenant au diocèse ;

MM. les chanoines honoraires de la métropole de Cambrai ;

M. l'abbé Bafaleur, prêtre officiant, chanoine, archiprêtre, la doyen de la paroisse de Madeleine, à Lille ;

Le corps du défunt. Tenaient les coins du poêle ;

M. Duprez, secrétaire-général de l'archevêché ; M. Leconte, doyen de la paroisse St-Maurice a Lille ; M. Arnould, doyen de la paroisse St-Cathérine à Lille ; M. Herrengt, doyen de la paroisse Notre-Dame, à Roubaix ;

MM. les vicaires de la paroisse St-Martin suivaient immédiatement le corps ;

MM. les membres de fabrique des trois paroisses ;

MM. le Commandant et les Officiers du

corps des Sapeurs-Pompiers ainsi que les Pompiers formant la haie;

MM. les Adjoints au Maire de la ville de Roubaix;

MM. les membres du Conseil municipal;

MM. les membres de la Chambre consultative;

MM. les membres du bureau de Bienfaisance, de la Commission administrative des Hospices et de la Caisse d'Epargne;

M. le Juge de paix, le Greffier et MM. les Huissiers;

MM. les Officiers du 75ᵉ régiment d'infanterie, le Lieutenant de la Gendarmerie, le Brigadier de Gendarmerie et la Brigade de Gendarmerie;

MM. le Commissaire central et ses collégues;

Les parents du défunt, suivis d'une nombreuse assistance formée de toutes les classes de la société.

(Echo de Roubaix, 26 mai 1867.)

Imprimerie LESGUILLON.